SISTÊME GÉNÉRAL

DE

BIBLIOGRAPHIE

ALFABÉTIQUE.

SISTÈME GÉNÉRAL

DE

BIBLIOGRAPHIE

ALFABÉTIQUE,

APPLIQUÉ AU TABLEAU ENCICLOPÉDIQUE

DES CONNAISSANCES HUMAINES,

ET EN PARTICULIER A LA PHITOLOGIE.

A PARIS,

Imprimé chez LEBÉGUE, rue des Rats, n° 14, près la place Maubert.

Se vend chez MOREAU, Imprimeur de S. A. R. Madame, successeur de M. VALADE, rue Coquillière, n° 27;

Et chez TREUTTEL et WURTZ, Libraires, rue de Bourbon, n° 17.

———

Octobre 1819.

C.

AVERTISSEMENT.

Ceux de mes Lecteurs qui sont attachés au sistême étimologique dans notre ortographe, pourront être embarrassés par la manière dont j'écris quelques noms tirés du Grec, tels que mistère, phisique, poliglotte, etc., et même quelques noms propres, tels que Polibe, Olimpiade, Pirénées, etc. Je les engage à lire avec un peu d'attention mes Considérations sur l'ortographe française, dans les Mémoires pour servir à l'histoire ancienne du globe, tome III, à la suite de la préface, et principalement page XXVIII. Ce volume a un titre particulier qui est : « Mémoire et Plan « de travail sur l'histoire des Celtes ou « Gaulois. » Il a été imprimé à Paris, en 1807.

SISTÊME GÉNÉRAL

DE

BIBLIOGRAPHIE.

———

La vie de l'homme est si courte, et les objets de notre curiosité sont si variés et si multipliés, qu'il est impossible de tout écrire, et que nous sommes souvent réduits à citer, ainsi que je viens de le faire.

L'Histoire surtout, pour inspirer quelque confiance, doit être appuyée sur le témoignage des auteurs anciens plus voisins que nous des faits que nous rapportons, et mieux à portée d'en être instruits. Ceux qui veulent écrire sur les événemens passés sont donc obligés de citer, et comme les ouvrages à consulter peuvent avoir été imprimés plusieurs fois, il faut distinguer les éditions en écrivant les titres tout au long. Il sera donc utile d'avoir des signes abrégés pour les rappeler brièvement autant de fois que l'on voudra : c'est une méthode qu'a déjà suivie le savant Tillemont et d'autres auteurs qui ont voulu prouver leur exactitude.

J'emploierai pour cet objet des lettres majuscules que je placerai avant l'énoncé des titres des ouvrages que je me propose ici de classer méthodiquement.

Afin que ces lettres parlent à l'esprit comme aux ieux, je les disposerai de manière qu'elles puissent faire connaître, par la simple inspection, le sujet qui y sera traité. C'est ce que l'on va comprendre aisément, lorsque j'aurai exposé l'ordre sistématique adopté dans le catalogue que je viens d'annoncer. J'y placerai d'abord les Enciclopédies, c'est-à-dire les ouvrages qui, embrassant la totalité des connaissances humaines, méritent d'être étudiés les premiers. Passant aux livres dont l'objet est moins vaste, je parlerai d'abord de ceux qui ont été composés sur les Belles-lettres; je donnerai ensuite ceux qui appartiennent aux Sciences et aux Arts, parmi lesquels je formerai deux classes distinctes : celle de Théologie et de Jurisprudence, dont l'étude a établi deux grands ordres dans l'état civil; la cinquième classe comprendra les livres écrits sur la Géographie et l'Histoire.

Pour désigner tous les ouvrages qui existent et que je viens de classer, je ferai usage de la méthode suivante, qui ma paru extrêmement simple et commode.

Je ferai d'abord une division générale en vingt-cinq classes, dont chacune sera désignée par une lettre de l'alfabet, ainsi qu'il suit. Je me servirai, pour cet effet, des cinq classes que je viens de distinguer, en préférant, pour les subdivisions, la méthode analitique qui considère les parties successivement, pour arriver ensuite à la connaissance du tout, mais en donnant d'abord les titres et l'analise des livres qui ont traité de chaque science dans toutes ses parties. C'est par cette raison que je place en tête les Enciclopédies, qui, renfermant à elles seules toutes les sciences humaines, forment évidemment la première de toutes les classes. Quant aux cinq classes suivantes, je me contenterai d'en donner ici la division générale.

1. L'homme cherche d'abord à exercer son esprit pour communiquer ses idées à ses semblables, dans les BELLES-LETTRES. B, C, D.

2. Il s'élève ensuite à la création des sciences, en étudiant d'abord la matière, et employant ensuite son intelligence à utiliser la matière pour satisfaire les besoins que la nature lui a donnés ; ce qui forme la classe des SCIENCES ET DES ARTS. E—J.

3. La science dont l'objet est le plus élevé,

*

est celle de la religion, ou la Théologie. C'est la troisième classe. K—O.

4. La science la plus usuelle dans l'administration intérieure des états, mérite un examen particulier, et compose la quatrième classe. C'est la Jurisprudence. P, Q.

5. Pour approfondir toutes ces sciences, et mieux en connaître la marche et l'utilité, il faut en faire l'application à l'étude des faits, en s'occupant de la cinquième classe, qui est l'Histoire. R—Z.

Cette marche m'a paru la plus naturelle, comme allant du simple au composé ; j'ai donc cru devoir la préférer à toutes les autres, en observant les dénominations que j'ai déjà indiquées ; je les spécifierai pour chacune des vingt-cinq lettres de notre alfabet, en subdivisant les cinq classes que je viens de former, dont j'indiquerai, par ce moyen, les principales branches.

A. Enciclopédies.

PREMIÈRE CLASSE.

BELLES-LETTRES.

B. Grammaire, Rhétorique.
C. Poëtique.
D. Philologie, Poligraphie.

SECONDE CLASSE.

SCIENCES ET ARTS.

E. Philosophie.
F. Mathématiques.
G. Phisique.
H. Histoire naturelle.
I. Médecine.
J. Arts et Métiers.

TROISIÈME CLASSE.

THÉOLOGIE.

K. Écriture sainte.
L. Conciles.
M. Liturgies.
N. Saints Pères.
O. Théologiens.

QUATRIÈME CLASSE.

JURISPRUDENCE.

P. Droit canonique.
Q. Droit civil.

CINQUIÈME CLASSE.

HISTOIRE.

R. Prolégomènes historiques.
S. Géographie.

T. Chronologie.

U. Histoire ecclésiastique.

V. Histoire profane des monarchies anciennes.

X. Histoire moderne de l'Europe.

Y. Histoire moderne hors d'Europe.

Z. Paralipomènes historiques, Antiquités, Histoire littéraire, Extraits historiques.

Chacune de ces divisions aura son signe placé avant les ouvrages qui y seront compris ; mais comme elles ne suffiraient pas pour classer cette foule d'ouvrages que l'on trouve dans nos bibliothèques, il en faudra nécessairement de plus détaillées. Pour cela on subdivisera chacune de ces vingt-cinq divisions en vingt-cinq autres qui seront désignées par deux lettres ; ce qui donnera en tout vingt-cinq fois vingt-cinq, ou 625 subdivisions.

On pourra de même, par le moyen de trois lettres, avoir 15625 subdivisions ; par le moyen de quatre lettres, 390625, et ainsi de suite.

J'emploierai au plus trois lettres pour la classification générale que je vais donner. La quatrième et, s'il est nécessaire, la cinquième servira dans la suite pour désigner en particulier l'ouvrage que je voudrais citer, comme on le verra dans la table bibliographique qui suivra l'exposition de ce sistême.

On comprend que cette désignation aura le

double avantage d'indiquer un ouvrage par un signe très-court, et d'en faire connaître le sujet, quelquefois même plus clairement que ne le fait le titre.

———

A. ENCICLOPÉDIES.

I. Prolégomènes . . . . AA—AF.
II. Enciclopédies françaises . . . . AG—M.
III. Enciclopédies latines . . . . . AN—S.
IV. Enciclopédies en langues étrangères. . . . . AT—Z.

PREMIÈRE CLASSE.

B. C. D. BELLES-LETTRES.

BA. Traités généraux sur les Belles-lettres . . . . BA.

Division générale de cette Faculté.

SECTION PREMIÈRE.

BB—BO. GRAMMAIRE.

I. Principes et Traités généraux et raisonnés de la Grammaire . . . . . . BB.

II. BC—BO. Institutions , Grammaires et Dictionaires des différentes langues.

SECTION II.

BP—BZ. RHÉTORIQUE.

I. Traités généraux de la Rhétorique ou de l'Art oratoire . . . . BP.

II. BQ—BZ. Rhéteurs et Orateurs anciens et modernes.

SECTION III.

C. POÉTIQUE.

XIII. CY, CZ. Poësie prosaïque.

SECTION IV.

DA—H. PHILOLOGIE.

I. DA—DD. Critique.

II. DE — G. Gnomiques ; ou Sen-ences, Apophtegmes , Adages, Pro-verbes , et Collections de bons mots et rencontres ; avec ceux qui ont paru sous des titres en *Ana.*

§. 1. Gnomiques et Collections de sen‑
tences et apophtegmes en langue française. DE.

§. 2. — En Grec, en Latin et autres lan‑
gues étrangères........................ DF.

§. 3. *Ana*.......................... DG.

III. Hiérogliphiques ou Traités des
hiérogliphes, emblêmes, devises, sim‑
boles, rébus, etc., avec des Traités de
l'art de les composer . . . . DH.

SECTION V.

DI—DZ. POLIGRAPHIE.

I. DI—DN. Poligraphes anciens et
modernes; ou qui ont écrit nombre de
Traités en un ou plusieurs volumes
sur diverses matières et sur différens
sujets mêlés.

§. 1. Ouvrages des auteurs grecs et latins,
anciens et modernes.................... DI.

§. 2. Ouvrages des auteurs français, ou
qui ont écrit en Français............... DJ.

§. 3. Collections d'ouvrages français,
tant en prose qu'en vers, ou mêlés de prose
et de vers; de différens auteurs, qui ont
écrit sur divers sujets.................. DK.

§. 4. Ouvrages des auteurs italiens ou qui
ont écrit en cette langue................ DL.

§. 5. Ouvrages des auteurs espagnols et
portugais, ou qui ont écrit en ces langues. DM.

§. 6. Auteurs anglais, écossais, irlan‑

dais, allemands, flamands, septentrionaux, etc, ou qui ont écrit en ces langues. DN.

II. DO–DR. Dialogues et Entretiens sur différens sujets mêlés.

III. Mélanges de poligraphie, ou diverses Collections de questions cu-rieuses et variées, Extraits et diverses Leçons de discours mêlés en Latin et en Français .... DS.

IV. DT—DZ. Épistolaires.

Fin de la Table des facultés et divisions de la classe des Belles-lettres.

SECONDE CLASSE.

E.—J. SCIENCES ET ARTS.

SECTION PREMIÈRE.

E. PHILOSOPHIE.

Je me conforme ici à l'ordre ordinaire, qui est celui de la découverte des sciences : on a eu des livres de philosophie avant d'avoir créé des sciences plus simples, telles que les sciences mathématiques, qui feront l'objet de la seconde section ; mais l'ordre des études exigerait peut-être que l'on plaçât ici les Mathématiques.

I. Traités généraux préparatoires à l'étude de la Philosophie : Introductions et Traités qui renferment l'histoire, l'origine et les progrès de la Philosophie . . . . EA.

II. EB, EC. Philosophie ancienne.

§. 1. Ouvrages des philosophes antérieurs aux Grecs et aux Latins, tels que Trismégiste, Zoroastre et Confucius........... EB.

§. 2. Ouvrages des anciens philosophes grecs et latins, Pithagore, Démocrite, Socrates, Epicure, Platon, Aristote et autres, qui ont paru jusqu'à la fin de l'empire romain, avec leurs interprètes et sectateurs. EC.

III. ED, EE. Philosophie moderne.

du gouvernement domestique, et des devoirs des maîtres et des serviteurs........ EM.

§. 3. Traités particuliers de la conver-
sation et de la société civile, de la politesse
des mœurs, et des avantages et devoirs des
différens âges, comme aussi de ceux des
différens états de la vie civile.......... EN.

VIII. EO—ES. Politique.

§. 1. Introductions et Traités généraux
de politique, anciens et modernes .... EO.

§. 2. Traités particuliers du royaume,
de la république, et de leur administration. EP.

§. 3. Traités particuliers des divers états
du royaume ou de la république, le Roi,
le Prince, la Cour, les Courtisans, les Ma-
gistrats, Ministres, Ambassadeurs, etc. . EQ.

§. 4. Traités de la guerre et de la paix,
des trèves, des alliances, du duel, du com-
merce, etc............................. ER.

§. 5. Traités de la politique et des inté-
rêts des princes et puissances de l'Europe.. ES.

IX. ET—EZ. Métaphisique.

§. 1. Traités généraux de la métaphi-
sique............................... ET.

§. 2. Traités philosophiques de Dieu, de
son existence, de sa providence, de l'éter-
nité, et du destin..................... EU.

§. 3. Traités de l'ame et de son immorta-
lité, de l'esprit de l'homme, de l'intelligence, de la raison et de nos facultés mo-
rales................................ EV.

§. 4. Traités des esprits et de leurs opérations, et premièrement de la cabale, de

la magie, des démons, sorciers et enchan-
teurs, et des opérations magiques et surna-
turelles .... EX.

§. 5. Traités des énergumènes ou des
possédés par le démon, de leurs exorcismes,
procès, etc........................ ...... EY.

§. 6. Traités critiques et apologétiques
contre la magie, les sorciers, etc. .... EZ.

SECTION II.

F. MATHÉMATIQUES.

I. Institutions, Cours universels et Traités généraux de mathématiques. . FA.

§. 1. FB—FH. Mathématiques pures.
   1º. Traités généraux des mathématiques pures................... FB.
   2º. Arithmétique ou Science des
rapports numériques. Opérations
sur les nombres. Science des com-
binaisons, etc.................... FC.
   3º. FD-FF. Géométrie ou Science
des rapports d'étendue.
      1. Ordinaire; Élémens de
géométrie, et Traités généraux
de cette science. Traités particuliers. Géométrie pratique,
Trigonométrie rectiligne et
sphérique.................. FD.
      2. FE—FF. Transcendante.
      Finie. Théorie des pro-
priétés finies des cour-

bes. Sections con iques
Théorie des courbes des
genres superieurs ..... FE.

Infinitésimale. Métho-
de d'exhaustion des an-
ciens. Méthode des indi-
visibles. Quadratures ,
rectifications, etc...... FF.
4°. FG—FH. Algèbre ou Science
des rapports abstraits des grandeurs.
1. FG. Finie.

Simple ou Élémen-
taire. Comprenant la so-
lution des équations sim-
ples et du second degré,
leur application aux pro-
blêmes géométriques et
arithmétiques .... FGA—L.

Transcendante, qui
comprend l'analise des
courbes, les construc-
tions et les solutions des
équations des degrés su-
périeurs .... FGM—Z.
2. FH. Infinitésimale.

Calcul différentiel ou
des fluxions. Méthodes
des tangentes, de maxi-
mis et minimis, des dé-
veloppées, des caus-
tiques, etc............ FHA—L.

Calcul intégral ou des
fluentes. Les quadratu-
res et rectifications des
courbes. La mesure des

solides et de leur sur-
face. L'invention des
centres de gravité, d'os-
cillation, etc.......... FHM—R.
Calcul exponentiel... FHS—Z.

Il faut observer qu'aujourd'hui l'on enseigne l'algèbre avant la géométrie ; mais ce n'est pas l'ordre historique, puisque la géométrie a été découverte avant l'algèbre, et je ne crois pas que ce soit la méthode la plus facile à suivre pour la plupart des élèves.

§. 2. FI—FL. Mathématiques mixtes.
1°. FI-FK. Mécanique ou Science du mouvement.
1. Traités généraux de mé-
canique .... FIA.
2. FIB-Z. Statique ou Science de l'équilibre.
Statique proprement
dite, ou Science de l'é-
quilibre des solides.... FIB—I.
Hidrographie ou Des-
cription des fluides.... FIJ—Q.
Hidrostatique, ou Con-
sidération de l'équilibre
des fluides, ou des flui-
des et des solides en-
tr'eux .... FIR—Z.
3. FJ. Dinamique, ou Science du mouvement actuel.
Dinamique propre-
ment dite, ou du mou-

vement des solides. Lois
du mouvement et du
choc des corps. Théorie
des forces centrales, etc.
Balistique. Théorie des
oscillations .... FJA—L.

   Hidrodinamique, ou
du mouvement des flui-
des. Hidraulique ou Théo-
rie du mouvement des
eaux. Navigation élémen-
taire, ou Manœuvre des
vaisseaux. Résistance des
fluides au mouvement
des corps qui les traver-
sent .... FJM—Z.

   4. Mécanique proprement
dite, ou la Science des ma-
chines. Art d'élever les eaux
pour les aqueducs, cascades,
grottes, etc................ FK.

2°. FL—FM. Astronomie, ou
Science des phénomènes célestes.

   1. Institutions ou Traités
généraux d'astronomie...... FLA.

   2. FLB — Z. Astronomie
sphérique, ou Considérations
des phénomènes généraux qui
résultent de la forme appa-
rente du ciel et de la terre.

   Traités généraux d'as-
tronomie sphérique.... FLB—F.

   Géographie mathéma-
tique, ou Description de
la terre par rapport aux

phénomènes qu'éprouvent ses différentes parties .... FLG—K.

Navigation astronomique, ou l'Art de conduire les vaisseaux par l'inspection du ciel..... FLL—P.

Chronologie mathématique, ou Arrangement des tems conformément aux périodes célestes. Du jour, de la nuit, du crépuscule, de la division de l'année, du calendrier et des tables astronomiques.... FLQ—U.

Gnomonique, ou Division du tems qui s'écoule, par le mouvement des astres. De la science des cadrans et des horloges solaires......... FLV—Z.

3. Astronomie théorique, ou Recherche de l'arrangement de l'univers. Détermination de la longueur des périodes célestes. Théorie du soleil, de la lune, des planètes supérieures et inférieures. Calcul des éclipses et autres phénomènes célestes. Théorie de divers phénomènes phisico-astronomiques. Du globe céleste, des astres, planètes et étoiles, de leur mouvement et révolution,

comme aussi des comètes, etc.
De la sphère et de ses différens
sistèmes ; de la pluralité des
mondes, etc................ FM.

3º. FN — FQ. Astrologie judiciaire.

    1. Traités généraux d'as-
trologie judiciaire......... FN.

    2. Traités particuliers des
nativités, des songes et de leur
interprétation............. FO.

    3. Traités particuliers de la
phisionomie de l'homme, de
la métoposcopie, chiromancie,
géomancie, etc............. FP.

    4. Centuries et Prédictions
astronomiques, avec les Traités particuliers, critiques et
apologétiques pour et contre
l'astrologie et les astrologues. FQ.

4º. FR—FU. Optique, ou Science de la vision et des propriétés de
la lumière.

    1. Traités généraux de l'op-
tique universelle ; et particu-
lièrement : Optique proprement dite, ou Science de la
vision directe............. FR.

    2. Catoptrique, ou Science
de la lumière réfléchie...... FS.

    3. Dioptrique, ou Considé-
ration des effets de la lumière
rompue. Réfraction de la lumière.................... FT.

    4. Perspective, ou l'Art de

représenter les objets conformément à leurs apparences.. FU.
5°. FV, FX. Acoustique, ou Science des propriétés du son.

   1. Acoustique proprement
dite, ou Considération des
propriétés du son comme produit par un fluide élastique.. FV.
   2. FX. Musique, ou Considération des sons dans leur rapport avec d'autres.

     Mélodie, si l'on con-
sidère leur succession.. FXA—F.
     Harmonie si l'on con-
sidère leurs accords... FXG—L.
     Traités généraux, théo-
riques et pratiques de
la musique des anciens
et des modernes....... FXM—R.
     Dissertations singu-
lières et Traités particuliers sur la musique... FXS—Z.
6°. Pneumatologie, ou Considération des propriétés des fluides
élastiques, pesans, etc.......... FY.
7°. Traités particuliers des instrumens de mathématiques et de ce
qui les concerne................ FZ.

SECTION III.

G. PHISIQUE.

Dans l'ordre des études, les mathématiques
ont dû être placées avant la phisique, si même

elles n'avaient pas dû précéder la philosophie. L'usage ordinaire est cependant de faire des mathématiques la section 5ᵉ, en se fondant sur l'ordre dans lequel les sciences ont été créées.

Introductions, Cours et Traités généraux de phisique . . . . GA,B,C,D,E.

II. GF—Z. Traités particuliers de phisique.

§. 1. Traités de la pesanteur, du choc ou impulsion, du mouvement ou du repos des corps naturels.................................. GF,G,H.

§. 2. Traités de l'univers créé, du ciel, des astres et des élémens : où il est traité des atômes, du vide, du plein, de l'air, des météores (1), du tonnerre, du feu, du froid et du chaud, des vents et de la glace, de la lumière, des couleurs, des phénomènes, des mouvemens et tremblemens de terre, des volcans et feux souterrains, du flux et reflux de la mer, etc............. GI,J,K.

§. 3. Théorie phisique de la terre...... GL,M,N.

§. 4. Traités de géologie, ou de la structure et de l'origine de la terre... .... GO,P,Q.

§. 5. Traités de l'homme et de ses facultés phisiques, de sa vie, de sa mort, de l'ame sensitive, des sens (2); des animaux, et de leurs facultés .... GR,S,T,U.

---

(1) La connaissance des météores a un nom particulier. Elle s'appelle *Météorologie.*

(2) La science de l'homme est l'*Anthropologie.* La partie phisique de la science des plantes est l'*Aitiologie,* comme on le verra ci-après dans le détail de la *Phitologie.*

§. 6. Mélanges de phisique; là où sont contenus les Traités particuliers et les Dissertations singulières sur différentes parties de la phisique, Conversations, Dialogues, Expériences, etc.................... GV,X,Y,Z.

SECTION IV.

H. HISTOIRE NATURELLE.

I. Introductions et Traités préparatoires à l'étude de l'histoire naturelle . HA.

II. HB,C,D. Histoire générale universelle contenant les ouvrages généraux des naturalistes anciens et modernes.

§. 1. Pline, ses traducteurs, etc....... HB.

§. 2. Buffon, Linnée, et autres naturalistes modernes...................... HC.

§. 3. Dictionaires d'histoire naturelle... HD.

III. HE,F,G,H. Histoire naturelle particulière. Première partie : les Élémens et ce qui y a rapport.

§. 1. Histoire naturelle des élémens, métaux, minéraux (1), pierres et pierreries... HE.

§. 2. Histoire naturelle de l'air .... HF.

§. 3. Histoire naturelle des eaux, fleuves, rivières, fontaines, bains et eaux minérales. HG,H.

IV. HI—N. Histoire naturelle et

____

(1) La science des minéraux s'appelle *Minéralogie.*

particulière. Seconde partie : Agriculture et Botanique.

§. 1. Traités de l'agriculture et des choses
rustiques....................................... HI,J.

§. 2. Histoire naturelle générale des plantes, des arbres, des fruits et des fleurs (1). HK,L.

§. 3. Histoire naturelle particulière des
arbres, des plantes, fruits et fleurs de différens pays ; là où sont aussi contenus les
collections de plantes et les jardins publics
et particuliers .... HM.

§. 4. Traités du jardinage .... HN.

V. HO—X. Histoire naturelle particulière. Troisième partie : les Animaux, Insectes, Coquillages, etc. (2).

§. 1. Histoire naturelle des quadrupèdes
ou animaux à quatre piés.................. HO,P.

§. 2. Histoire naturelle des oiseaux..... HQ,R.

§. 3. Histoire naturelle des poissons.... HS,T.

§. 4. Histoire naturelle des insectes.... HU.

§. 5. Histoire naturelle des coquillages et
des pétrifications.......................... HV,X.

VI. HY,HZ. Histoire naturelle particulière. Quatrième partie : Prodiges,
Mélanges et Collection de cabinets.

§. 1. Histoire naturelle des choses ex-
traordinaires, monstres, prodiges, etc.... HY.

§. 2. Mélanges d'histoire naturelle ; là où

____

(1) La science des corps végétaux ou des plantes est la *Phitologie*. On
en verra ci-après les subdivisions.

(2) La science des animaux est la *Zoologie*.

sont rapportés divers secrets et merveilles
de la nature, expériences, etc. ; comme
aussi les diverses collections et cabinets des
curiosités de la nature et de l'art.......... IIZ.

SECTION V.

I. MÉDECINE.

VIII. IV—IZ. Alchimie ou Philosophie et Médecine hermétique, para-
celsique, qui est la science de la trans-
mutation des métaux, ou de la pierre
philosophale; de l'or potable; etc.

SECTION VI.

J. ARTS ET MÉTIERS.

---

(1) On distingue encore les arts en arts utiles , dont la connaissance
est ay, elée *Technologie*, et en arts agréables, ou *beaux-arts*.

artificielle ; et différentes pratiques
pour l'exercer. . . . . JB.

III. JC—JF. Art de l'écriture.

§. 1. De l'Écriture en France. . . . . JC.
§. 2. De l'Écriture chez les Anciens. . . . JD.
§. 3. De l'Écriture chez les modernes
Étrangers. . . . . JE.
§. 4. Des Chiffres et des différentes ma-
nières d'écrire secrètement. . . . . JF.

IV. Art tipographique , ou de la Science de l'imprimerie. . . . . JG.

V. JH—JK. Arts.

§. 1. Du Dessin. . . . . ; . . . . JH.
§. 2. De la Peinture. . . . . JI.
§. 3. De la Sculpture. . . . . JJ.
§. 4. De la Gravure. . . . . JK.

VI. JL — JO. Architecture ou la Science des bâtimens.

§. 1. Traités généraux d'architecture. . . JL.
§. 2. Architecture civile. . . . . JM.
§. 3. Architecture militaire . . . . JN.
§. 4. Architecture navale. . . . . JO.

VII. JP—JS. Art militaire.

§. 1. Traités généraux de l'art militaire. JP.
§. 2. Traités particuliers des campemens ,
ordres de bataille , évolutions et discipline
militaire . . . . JQ.
§. 3. Traités particuliers des armes, ma-
chines et instrumens de guerre et de l'ar-
tillerie , etc. . . . . JR.

§. 4. Art militaire des Anciens........ JS.

VIII. Art pirotechnique, ou du feu, de la fonderie, de la verrerie, etc. . JT.

IX. JU,JV. Art gimnastique.

§. 1. De la Lutte, du Pugilat, de la Chasse, de la Pêche, etc............ ... JU.

§. 2. Du Maniment des chevaux et de leur traitement........................... JV.

X. Traités particuliers des jeux d'exercices et de divertissement, du saut, de la danse, etc. . . . . JX.

J'ai parlé ci-dessus des arts : 1°. de la Musique sous les lettres FX ; 2°. de l'Agriculture sous les lettres HI—HN ; 3°. de la Cuisine, IG,IH.

XI. JY,JZ. Traités particuliers de quelques arts mécaniques.

§. 1. Pelleteries, Fourrures, Teintures de laines, etc................... ,... . JY.

§. 2. Fabriques particulières, vulgairement appelées MÉTIERS............... JZ.

Fin de la Table des divisions et facultés de la classe des Sciences et Arts.

TROISIÈME CLASSE.

K. O. THÉOLOGIE.

SECTION PREMIÈRE.

K. L'ÉCRITURE SAINTE, *avec ses Interprètes et Commentateurs.*

I. KA—E. Prolégomènes de l'Écriture Sainte, ou Traités généraux préparatoires à la lecture de l'Écriture Sainte, savoir :

II. KF—P. Textes et Versions de l'Écriture Sainte.

SECTION II.

L. CONCILES.

SECTION III.

M. LITURGIES.

I. Traités particuliers de l'office divin et des cérémonies anciennes et modernes de l'église . . . . MA.

II. Liturgie de l'église ancienne, grecque ou orientale . . . . MB.

    Rituels, Livres de prières, etc. MC.

III. MD—Z. Liturgie de l'église latine ou occidentale.

SECTION IV.

N. SAINTS PÈRES.

I. Traités particuliers de la lecture des saints Pères, de leur usage, de leur morale, et du fruit que l'on en retire. NA.

II. Collections et Extraits des saints Pères, grecs et latins, Écrivains et autres Monumens ecclésiastiques . . . NB.

III. Ouvrages des saints Pères, grecs et latins, rangés chronologiquement selon l'ordre des siècles dans lesquels ils ont vécu . . . . NC.

SECTION V.

O. THÉOLOGIENS.

I. OA. Théologie scholastique et dogmatique, contenant les ouvrages des théologiens de l'église latine, ou occidentale, à commencer vers l'année 1050, tems auquel Pierre Lombard fut le premier qui la rédigea en corps.

§. 16. Des superstitions et de l'idolâtrie. OAP.

§. 17. Des cérémonies superstitieuses de la Chine, et des disputes qui se sont élevées à leur sujet, entre les jésuites et les autres missionaires .... OAQ.

§. 18. Traités des quatre dernières fins de l'homme : la mort et le jugement dernier, le purgatoire, le paradis et l'enfer . . . . . OAR,S.

§. 19. De l'antéchrist, et des signes qui doivent précéder la fin du monde. . . . . . OAT,U.

§. 20. Mélanges de théologie scholastique : contenant différens ouvrages, opuscules et dissertations sur divers sujets de théologie. . . . . OAV,X.

§. 21. Lexiques et Dictionaires particuliers . . . . OAY,Z.

II. OB. Théologie morale.

§. 1. Institutions et Traités préparatoires à la théologie morale. . . . . OBA—C.

§. 2. Traités généraux de théologie morale . . . . OBD—F.

§. 3. Traités moraux des lois et de la justice, des actions humaines, des jeux, divertissemens et spectacles, des contrats, usures, restitutions, etc. . . . . OBG—I.

§. 4. Traités moraux des sacremens, avec ce qui y a rapport. . . . . OBJ—L.

§. 5. Instructions pour les confesseurs et les pénitens. . . . . OBM—O.

§. 6. Traités moraux de la probabilité, où il est traité des parjures, des restrictions mentales et des équivoques. . . . . OBP—R.

§. 7. Traités concernant les disputes sur

III. OC. Théologie catéchétique ou instructive.

IV. OD. Théologie parénétique ou des sermons.

V. OE. Théologie mistique et comtemplative.

VI. OF. Théologie polémique, ou
Traités concernant la défense de la religion chrétienne et catholique.

dogmes, cérémonies, usages et différentes pratiques de l'église romaine............ OM.

§. 9. Traités contre la messe et le saint sacrement de l'eucharistie.............. ON.

§. 10. Mélanges de théologie hétérodoxe, là où sont rapportés les ouvrages de controverse et les disputes élevées parmi les protestans mêmes; comme aussi les traités apologétiques sur la tolérance et la violence en matière de religion, avec les réponses qui y ont été faites........................ OO.

§. 11. Traités des conciliateurs ou tolérans............................ OP.

§. 12. Écrits des anti-trinitaires ou sociniens .... OQ.

§. 13. Traités de la théologie des quackres, et autres fanatiques, protestans, préadamites, etc........................ OR.

§. 14. Traités qui contiennent des erreurs particulières; comme aussi des sistèmes de liberté philosophique, de religion naturelle et de politique, athéisme, déisme, etc... OS,T.

§. 15. Traités de la théologie des juifs, ancienne et moderne, avec les Traités critiques et apologétiques, au sujet de la cabale mistérieuse, et leurs Traités contre les chrétiens........................... OU,V.

§. 16. Théologie des gentils. Voyez ci-après dans la classe d'histoire, la section des antiquités ....

§. 17. Théologie mahométane : l'Alcoran et ses interprètes, avec les Traités généraux et particuliers de la religion de Mahomet et de ses sectateurs.................... OX—Z.

QUATRIÈME CLASSE.

P.Q. JURISPRUDENCE.

Traités complets de jurisprudence. PA.

SECTION PREMIÈRE.

I. PB—Z. DROIT CANONIQUE.

sonnes ecclésiastiques, des cardinaux, des légats, des évêques; de leur juridiction et autorité................................ PJ.

Des curés, des chapitres, des abbés, des prêtres, et de leurs droits et prérogatives.................................. PK.

§. 8. Traités particuliers des hérétiques, des schismatiques, et de ce qui les concerne. PL.

§. 9. Traités particuliers des choses ecclésiastiques, et premièrement du célibat des prêtres, de la tonsure, des habillemens, ornemens, marques de distinction, et autres choses extérieures, concernant les personnes ecclésiastiques................... PM.

§. 10. Traités particuliers des églises, paroisses, bénéfices, résignations, décimes, pensions, et ce qui y a rapport. ... PN.

§. 11. Traités particuliers du mariage et du divorce, dispenses, censures, excommunications, police et discipline judiciaire, et autres dépendances de la juridiction ecclésiastique........................... PO.

II. PP—PT. Droit ecclésiastique de France.

§. 1. Capitulaires, Lois ecclésiastiques, Pragmatique, Concordats, Libertés de l'église gallicane et Actes de son clergé ... PP.

§. 2. Traités particuliers de la politique séculière et ecclésiastique de France, et de l'indépendance de la puissance royale, de celle du pape; où il est aussi traité des différends survenus entre les cours de France et de Rome, au sujet des franchises, exemptions, etc........................... PQ.

§. 3. Traités particuliers des droits et prérogatives des églises particulières de France, des prélats et autres ecclésiastiques. PR.

§. 4. Traités particuliers des élections, et nominations, où il est traité des droits de régale et des indults..................... PS.

§. 5. Traités particuliers de la discipline ecclésiastique du royaume de France...... PT.

III. Droit ecclésiastique étranger. . PU.

IV. PV—PZ. Droit ecclésiastique des réguliers et des religieux.

§. 1. Règles, constitutions, droits, exemptions et privilèges des monastères de différens ordres, bénédictins, chartreux, camaldules, dominicains, franciscains, etc. PV.

§. 2. Règles, constitutions et privilèges de différentes congrégations régulières, jésuites, pères de l'Oratoire, etc.; avec les Traités critiques et apologétiques qui ont paru à leur sujet, et principalement contre les jésuites.......................... PX.

§. 3. Traités particuliers de la vie et de la discipline monastique et régulière, avec les privilèges prétendus par les réguliers dans l'administration des sacremens...... PY.

§. 4. Règles et constitutions des ordres militaires, et Traités particuliers des confrairies, avec ce qui y a rapport........ PZ.

SECTION II.

Q. DROIT CIVIL.

I. Droit de la nature et des gens, et Droit public. . . . . QA.

II. Droit civil général. Traités complets .... QB.

III. QG—QJ. Droit romain nou-
veau.

IV. QK—X. Droit français, et ses
différentes parties.

Fin de la Table des facultés et des divisions de la classe de Jurisprudence.

CINQUIÈME CLASSE.

R—Z. HISTOIRE.

SECTION PREMIÈRE.

R. PROLÉGOMÈNES HISTORIQUES.

SECTION II.

S. GÉOGRAPHIE.

SECTION III.

T. CHRONOLOGIE.

l'église à leur sujet : par exemple, le jour de la naissance et celui de la mort de Jésus-Christ, la célébration de la Pâque, etc.... TI—L.

III. Chronologie historique, où l'histoire est réduite et disposée par tables, divisions chronologiques et années. . . . . TM—P.

IV. TQ—Z. Histoire universelle.

§. 1. Histoires universelles de tous les tems et de tous les lieux, depuis le commencement du monde....................... TQ—T.

§. 2. Histoires universelles de certains tems, écrites par des auteurs contemporains et autres ; là où sont aussi compris........ TU—X.

§. 3. Les Journaux historiques, Gazettes, Mémoires, etc..................... TY, Z.

SECTION IV.

U. HISTOIRE ECCLÉSIASTIQUE.

I. Introductions et Traités préparatoires à l'étude de l'histoire ecclésiastique. . . . . UA.

II. Histoires générales des cérémonies religieuses des différentes nations de la terre. . . . . UB.

III. UC—UD. Histoire ecclésiastique proprement dite, ou Histoire de l'église ancienne et nouvelle, judaïque et chrétienne.

toutes les nations, et de toute qualité et con-
dition, rangés selon l'ordre des tems et des
lieux auxquels ils ont vécu, depuis le commencement du monde jusqu'à présent. . . UQ.

§. 3. Histoire des lieux saints, des églises,
cimetières, etc., comme aussi l'histoire des
reliques, des images, des miracles, etc. . URA—L.

§. 4. Mélanges, Traités particuliers et
Dissertations qui regardent l'histoire ecclésiastique. . . . . URM—Z.

VIII. US—Z. Histoire ecclésiastique des hérésies et des hérétiques.

§. 1. Histoire ecclésiastique de toutes les
églises d'Orient, séparées de la communion
romaine, et gouvernées par des patriarches. US.

§. 2. Histoire ecclésiastique des églises
réformées d'Occident, et premièrement
depuis l'origine jusqu'au tems des Vaudois. UT.

§. 3. Histoire ecclésiastique des Vaudois
et des Albigeois. . . . . UU.

§. 4. Histoire ecclésiastique des réformés
sectateurs de Viclef, Jean Hus, de Jérôme
de Prague, etc. . . . . UV.

§. 5. Histoire ecclésiastique des réformés
sectateurs de Luther, Zuingle, Calvin, etc. UX.

§. 6. Histoire ecclésiastique des hérésies
des anti-trinitaires ou sociniens, anabap-
tistes, quackres, et autres sectes fanatiques,
qui ont paru. . . . . UY.

§. 7. Histoire des inquisitions contre les
hérésies et les hérétiques. . . . . UZ.

SECTION V.

V. HISTOIRE DES MONARCHIES ANCIENNES.

SECTION VI.

PREMIÈRE PARTIE.

X. HISTOIRE MODERNE, ou des monarchies qui subsistent aujourd'hui; PREMIÈRE PARTIE, comprenant les MONARCHIES DE L'EUROPE.

I. XA. Histoire d'Italie.

ques , historiques , allégoriques,
etc., concernant le règne et le
gouvernement de Louis XIV.... XEP—T.
— règne de Louis XV , avec les
Traités historiques , critiques et
apologétiques qui y ont rapport. XEU—Z.
— règne de Louis XVI .... XFA—E.
— révolution de 1789 , sous Louis
XVI et Louis XVII ....,... XFF—I.
— gouvernement du directoire... XFJ—M.
— consulat..................... XFN—Q.
— l'empereur Napoléon .... XFR—U.
— Louis XVIII. .... XFV—Z.
§. 7. XG —I. Histoire générale et particulière des villes et des provinces de
France, rangées par généralités, savoir :
Histoires complètes sous ce point de vue. XGA—C.
— généralité de Paris............ XGD—F.
— généralité de Picardie et Artois. XGG—I.
— généralité de Lille , ou Flandres. XGJ,K.
— généralité de Hainault....... .. XGL,M.
— généralité de Normandie ..... XGN,O.
— généralité de Caen........... XGP,Q.
— généralité d'Alençon......... . XGR,S.
— généralité de Soissons........ XGT,U.
— généralité de Chaalons.. ..... XGV,X.
— généralité de Metz............ XGY,Z.
— généralité et gouvernement d'Al-
sace .... XHA—C.
— généralité de Bretagne........ XHD—F.
— généralité de Tours........... XHG—I.
— généralité de Poitiers........ XHJ,K.
— généralité de la Rochelle...... XHL,M.
— généralité de Bourges........ XHN,O.
— généralité d'Orléans.......... XHP,Q.

— généralité de Moulins......... XHR,S.
— généralité de Riom........... XHT,U.
— généralité de Dijon........... XHV,X.
— généralité de Besançon ou Fran-
　　che-Comté............... XHY,Z.
— généralité de Limoges. ..... XIA—C.
— généralité de Lion........... XID—F.
— généralité de Bordeaux....... XIG—I.
— généralité d'Ausch........... XIJ,K.
— généralité de Montauban.. ... XIL,M.
— généralité de Toulouse........ XIN,O.
— généralité de Montpellier..... XIP,Q.
— généralité de Grenoble....... XIR,S.
— généralité d'Aix on Provence... XIT,U.
　　Avignon et le comté Vénaissin. XIV,X.
— généralité de Perpignan, ou
　　Roussillon.................. XIY,Z.

§. 8. Histoire générale et particulière de
France divisée en départemens. .... XJA—D.

§. 9. Mélanges de l'histoire de France,
ou extraits, recueils, collections d'actes,
pièces et dissertations, appartenantes à l'histoire de France. .... XJE—H.

§. 10. Traités particuliers de l'origine,
dignité, préexcellence et prérogatives des
rois et du royaume de France........... XJI—L.

§. 11. Traités particuliers du droit de
souveraineté et autres droits du roi de
France, ensemble les Traités de la politique
et du gouvernement de ce royaume....... XJM—P.

§. 12. Histoire des états généraux, di-
gnités et offices du royaume de France.... XJQ—S.

§. 13. Histoire des actions publiques et
solennelles faites en France, et des cérémonies qui y ont été observées......... XJT—V.

*

Secondement : Moscovie, Russie, Pologne, Hongrie, Transilvanie . . . XZ.

SECTION VI.

SECONDE PARTIE.

Y. HISTOIRE MODERNE, ou des monarchies qui subsistent aujourd'hui; SECONDE PARTIE comprenant les MONARCHIES HORS DE L'EUROPE.

SECTION VII.

ZA. PARALIPOMÈNES historiques.

II. Histoire généalogique des maisons royales, et des familles illustres de toutes les parties de la terre . . . . . ZAR—Z.

SECTION VIII.

ZB—L. ANTIQUITÉS.

I. ZB—ZD. Rites, Usages et Coutumes des anciens et des modernes.

§. 1. Rites des anciens en général, où il est traité des choses saintes, civiles, militaires et domestiques...................... ZBA—I.

§. 2. Mélanges des rites et usages généraux, particuliers à toutes les nations..... ZBJ—Q.

§. 3. Rites des nations en particulier, et premièrement des Hébreux, des Egiptiens, des Assiriens, des Mèdes, des Perses, des Siriens, et des peuples orientaux. . . . . . ZBR—Z.

§. 4. Rites et Usages particuliers des Grecs et des Romains.................. ZCA—I.

§. 5. Rites et Usages particuliers des anciens Germains, Druides celtiques..... ZCJ—Q.

§. 6. Rites et Usages particuliers des nations de l'Europe....... .... ZCR—Z.

§. 7. Rites et Usages particuliers des peuples des pays septentrionaux.......... ZDA—I.

§. 8. Rites et Usages particuliers des peuples et des nations étrangères.......... ZDJ—Q.

§. 9. Traités critiques et apologétiques contre différens usages et coutumes particulières, reçus et mis en pratique chez différens peuples . . . . ZDR—Z.

tions, cabinets d'antiquaires , etc. . . . ZK.

VII. Histoire des solennités et des pompes, spectacles, etc., des anciens. ZL.

SECTION IX.

HISTOIRE LITTÉRAIRE , académique et biblio-graphique.

I. ZM—ZN. Histoire des lettres et des langues , où il est traité de leur origine et de leurs progrès.

II. Histoire des académies , écoles, universités, colléges et sociétés de gens de lettres , avec les traités particuliers concernant leur origine, fondation, progrès, utilité, etc. . . . . ZO.

III. ZP — ZS. Bibliographies , ou Descriptions de livres. . . . .

SECTION X.

VIES DES PERSONNES ILLUSTRES.

SECTION XI.

EXTRAITS HISTORIQUES.

*Fin de la Table de l'Histoire en particulier,
et de toute la Bibliographie alfabétique.*

TABLEAU

ENCICLOPÉDIQUE

DES

CONNAISSANCES HUMAINES.

On observera qu'un Sistême de Bibliographie n'est pas un Tableau enciclopédique des connaissances humaines, disposées de manière à former une suite d'études. Je vais développer ici ce second Tableau en plaçant à côté de chaque science la lettre par laquelle je l'ai distinguée dans le Tableau précédent.

L'homme cherche à connaître 1 par son intelligence l'ESPRIT, 2 par ses sens la MATIÈRE.

1. L'intelligence de l'homme s'exerce 1¹ sur elle-même et les objets qui l'entourent ; elle s'élève ensuite 2¹ jusqu'à Dieu et aux êtres intermédiaires entre Dieu et lui, que ses sens ne peuvent apercevoir.

1¹. L'intelligence de l'homme renfermé en lui-même, est employée 1¹¹ dans ses rapports avec ses semblables, 2$^{\text{11}}$ isolément et abstractivement dans l'examen de ses propres facultés.

1$^{\text{11}}$. Pour se donner des rapports avec ses semblables, il faut 1$^{\text{111}}$ leur communiquer ses idées, 2$^{\text{111}}$ chercher les règles de sa conduite avec eux.

1$^{\text{111}}$. Pour communiquer ses idées, 1$^{\text{1V}}$ l'homme les exprime ; et 2$^{\text{1V}}$ pour convaincre, il les lie avec méthode.

Ici vont commencer, après ces généralités, les définitions particulières à chaque science, et d'abord à la

B. C. D. *Classe des Belles-lettres.*

1$^{\text{1V}}$. L'homme s'exprime correctement, avec le simple but d'instruire de ce qu'il sent : de là naît la première de toutes les sciences, qui est la GRAMMAIRE . . . . BB—BO.

Ou il s'exprime agréablement et énergiquement, afin de mieux persuader ; il crée ainsi la seconde science, qui est la RHÉTORIQUE . . . . BP—BZ.

Et la troisième plus parfaite encore, par les moyens de plaire à l'oreille, qui la distinguent, la POÉTIQUE . . . C.

De ces trois arts ou sciences, naît la quatrième, nommée PHILOLOGIE (DA

DII), dans laquelle se trouve renfer-
mée la Critique . . . . DA—DD.

Et la cinquième appelée Poligraphie, qui, dans des lettres ou des dialogues, les considère sous tous leurs
rapports. . . . . DI—DH.

Ces cinq sciences forment la première classe de nos connaissances, et
sont comprises sous le nom général de
Belles-lettres.

E. *Sciences et Arts. Première partie.*

2^{iv}. L'art destiné à convaincre ses
semblables par le moyen de la liaison
des idées est la Logique ou sixième
science. . . . . EG.

La Dialectique est l'art d'arranger
ses expressions pour raisonner juste :
c'est le fondement de la Logique, et
non une science particulière.

2^{iii}. Pour chercher les règles de sa
conduite avec ses semblables, il faut
apprendre à distinguer le juste de l'in-
juste, ce qui se fait par la Morale ou
la septième science . . . . EH—K.

De cette science dépend la huitième
qui est l'Économie. . . . . EL—N.

Et la neuvième qui est la Politique. EO—S.

2^{ii}. Ces cinq sciences composent la

onzième qui est la PHILOSOPHIE. . . . E.

Celle-ci doit être regardée comme le complément et la réunion de toutes les autres. Par elle l'homme, considérant ses propres facultés, détermine l'usage qu'il en doit faire pour assurer son bonheur.

K. O. *Théologie.*

2¹. L'homme s'élève jusqu'à Dieu, dont il reconnaît l'existence par la contemplation de l'univers, ou par la révélation. C'est ce qui forme la douzième science, qui est la THÉOLOGIE. K,O.

P. Q. *Jurisprudence.*

Les principes de la morale révélée modifient ceux de la morale naturelle, et nous donnent les moyens de compléter le sistême de notre JURISPRUDENCE, en joignant le droit canonique au droit civil. Ainsi se forme la douzième science. . . . . P,Q.

F. J. *Sciences et Arts. Deuxième partie.*]

2. Nous examinons la matière, 1¹ comme susceptible d'augmentation et de diminution : c'est ce qui forme

(FB-FH) les Mathématiques pures,
savoir l'ARITHMÉTIQUE, l'ALGÈBRE et
la GÉOMÉTRIE ce sont les treizième . FC.
quatorzième . . . . . FG,FH.
et quinzième sciences. FD,FF.

On peut ajouter à ces trois sciences
celle du mouvement ou de la MÉCA-
NIQUE qui est la seizième . . . . FI-FK.

2^1. On considère la matière avec
toutes ses propriétés, 1^{11} hors du globe
et de notre portée, où se trouvent les
astres. On crée ainsi la dix-septième
science, l'ASTRONOMIE . . . . FL,FM.

A cette science sont jointes la dix-
huitième, qui est l'OPTIQUE, ou celle
de la vision et des propriétés de la lumière. . . . . FR-FU.

La dix-neuvième, l'ACOUSTIQUE
qui examine les propriétés des sons... FV,FX.

Celle-ci comprend évidemment la
musique ou considération des sons for-
mant une mélodie ou une harmonie... FX.

La vingtième, la PNEUMATOLOGIE,
s'occupe des fluides élastiques, pesans,
etc . . . . FY.

2^{11}. On considère la matière comme
faisant partie du globe et lui étant attachée 1^{111} abstractivement dans ses facultés et sa composition. 1^{1v} Sés propriétés générales sont examinées dans

la vingt‑unième science qui est la
PHISIQUE........................ G.

2^{iv}. La matière est examinée dans sa
composition et dans ses élémens par la
vingt‑deuxième science, qui est la
CHIMIE .... IT,IU.

On peut y joindre l'ALCHIMIE dont
on fera la vingt‑troisième science, si
l'on y trouve quelque chose de réel .. IV‑IZ.

2^{III}. La matière attachée au globe est
employée 1^{iv} dans la composition de
ce globe. La science qui s'en occupe
porte le nom de Cosmologie. Nous ne
la comptons pas ici parce qu'elle se
subdivise en trois autres.

Les deux premières ont pour objet
la masse elle‑même du globe, dont
l'une examine l'extérieur et l'autre
l'intérieur. La vingt-quatrième science
sera donc la GÉOGRAPHIE .... S.
Et la vingt‑cinquième la GÉOLOGIE.. GL‑Q.

C'est ici que l'on pourra s'occuper
de la CHRONOLOGIE pour classer d'a‑
vance, selon la succession des tems,
les principaux événemens de l'Histoire :
ce sera la vingt‑sixième science, et
l'on y pourra comprendre un Tableau
abrégé de l'Histoire universelle....... T.

La troisième partie de la cosmologie
est celle qui examine l'enveloppe du

globe terrestre, ou l'atmosphère. C'est la MÉTÉOROLOGIE, ou vingt-septième science......................... GI-K.

2ᴵⱽ. La matière attachée au globe peut ensuite être examinée dans les corps particuliers 1ᵛ inertes, ne s'augmentant que par juxta-position, c'est la MINÉRALOGIE, ou la vingt-huitième science..................... HE.

2ᵛ. En second lieu elle peut être considérée dans les corps, vivant, croissant, et se reproduisant; et 1ᵛᴵ d'abord dans les corps végétans ou les plantes : de là naît la vingt-neuvième science, ou la PHITOLOGIE......... HI-N.

2ᴵⱽ. Enfin elle peut être observée dans les corps animés sentant, et l'animal doué d'instinct, c'est la trentième science ou la ZOOLOGIE............ HO-X.

Elle peut l'être dans l'homme doué de la faculté de penser, considéré dans sa vie animale, en santé ou en maladie, c'est la trente-unième science, ou l'ANTHROPOLOGIE............. GR-U.

Sous le point de vue particulier de la santé, l'Anthropologie reçoit le nom de MÉDECINE, et forme ainsi une trente-deuxième science........... I.

On peut encore considérer l'homme dans le produit de son industrie; c'est-

à-dire l'art. Si c'est pour son utilité,
il en dérive la TECHNOLOGIE; ou la
trente-troisième science............ J.

Si c'est pour son agrément, ce sont
les BEAUX-ARTS, ou la trente-qua-
trième science.................... FX,JH-K.
JU-X.

Histoire.

Le complément de toutes les sciences
est la connaissance des événemens passés. C'est l'HISTOIRE, où le recit des
faits nous fournit des exemples par
lesquels on peut apprendre à régler sa
conduite avec ses semblables. Elle
forme la trente-cinquième science... R-Z.

On sent que ces trente-cinq sciences peuvent être subdivisées à l'infini. Je me contenterai de citer pour exemple la Phitologie.

TABLEAU SINOPTIQUE

DE LA PHITOLOGIE.

On peut distribuer l'enseignement de la Phitologie en vingt leçons de la manière suivante :
Rapport de la Phitologie avec les autres

sciences, expliqué dans le Tableau enciclopédique que je viens de donner............. I.

La Phitologie ou science générale des Plantes
se divise en 1 Aitiologie, ou la nature considérée dans les plantes, et 2 en Histoire, ou
l'art considéré dans les Plantes.

1, L'Aitiologie observe d'abord 1 les Plantes
considérées en elles-mêmes, et se reproduisant
1″ par bourgeon.

1‴. Si le développement des Plantes est libre,
leur anatomie rationelle s'explique par l'extérieur des plantes, et c'est la leçon........ II.
Ou cette anatomie est réelle et se subdivise en
étude du mouvement ou Phisiologie dans le développement du bourgeon : c'est la leçon..., III.
Et en étude par dissection dans l'intérieur des
plantes, c'est la leçon..................... IV.

2‴. Si au contraire le développement des
plantes est contrarié, qu'arrive-t-il aux plantes
dont on retranche des parties? Des lésions et
des réparations, qui seront l'objet de la leçon V.

Que deviennent les parties retranchées? Il
s'y opère une multiplication par bourgeon.
Leur examen fait l'objet de la leçon..... VI.

2″. Les Plantes se reproduisent aussi par
graine, et 1‴ cette graine est précédée par une
fleur dont l'apparition produit l'inflorescence.
C'est la leçon........................... VII.

L'épanouïssement de cette graine produit la floraison, dont s'occupe la leçon...... VIII.

2*III*. Il résulte de la fleur un fruit qui contient la graine, dont la formation détermine la maturation. C'est la leçon................. IX. Le développement de cette graine produit enfin la germination. C'est la leçon...... X.

2*I*. L'Aitiologie considère ensuite les plantes par rapport aux corps environnans qui servent à sa nutrition, et c'est la leçon......... XI.

2. L'histoire des plantes considère dabord 1*I* celles qui croissent naturellement; elle en donne 1*II* la théorie : c'est la Botanique pure dans laquelle on examine 1*III* le nom appliqué aux plantes empiriquement. Cette nomenclature est l'objet de la leçon............ XII.

2*III*. La Botanique pure donne aux plantes des noms scientifiques d'abord par une méthode artificielle, dont l'arrangement est général, ce qui compose les sistêmes et la leçon.. XIII. Ou cet arrangement est partiel, ce qui donne des genres et des espèces dans la leçon.. XIV.

Ensuite la Botanique pure applique des noms scientifiques aux plantes par une méthode naturelle qui fait l'objet de la leçon.... XV.

2*II*. L'histoire considère les plantes croissant naturellement suivant la pratique, ce qui forme la Botanique appliquée, où 1*III* on recherche

le nom des Plantes indigènes par les sistêmes,
et c'est la leçon...................... XVI.
Ou par les familles naturelles, et c'est la le—
çon.............................. XVII.

2'''. La Botanique appliquée détaille l'emploi
des plantes ou leurs usages. C'est la leçon XVIII.

2'. L'histoire des Plantes observe celle qui
croissent artificiellement et dont elle détaille la
culture dans la leçon.............. XIX.

Une récapitulation générale de tout ce qui a
été appris dans les leçons précédentes, forme
la leçon. .... XX.

On voit que la Phitologie distingue dans la
connaissance des plantes l'Aitiologie qui appar-
tient véritablement à la Phisique, (G) tandis
que la Botanique qui en est la seconde partie,
tient à l'Histoire naturelle (H); elle introduit
conséquemment dans l'examen des plantes une
théorie nouvelle que je n'avais point placée
dans mon Tableau général auquel ces détails
auraient donné trop d'étendue. On comprend
que celui qui s'applique exclusivement à une
science particulière, pourra facilement lui
donner de plus grands développemens.

On reconnaîtra sans peine que cette méthode
de subdivision serait applicable à l'enseignement de chacune des trente-cinq sciences dont
j'ai expliqué la génération dans l'article précé-

dent. L'application du sistême de Bibliographie générale que je ferai dans la suite à la classification et à la désignation particulière d'un grand nombre d'ouvrages, en facilitera les moyens.

L'explication des vingt leçons sur la Phitologie que je viens de détailler, a été donnée dans un cours public par M. Aubert du Petitthouars, directeur de la pépinière du Roule, qui en a tracé le plan et qui ayant fait de la Botanique l'étude principale de sa vie, en a développé les principes avec une sagacité singulière.